AF220088

Impressum
Verlag: BABADADA GmbH, Nedderfeld 112 , 22529 Hamburg
Geschäftsführer / Verlagsleitung: Harald Hof
Druck: Books on Demand GmbH, In de Tarpen 42, 22848 Norderstedt

Imprint
Publisher: BABADADA GmbH, Nedderfeld 112 , 22529 Hamburg, Germany
Managing Director / Publishing direction: Harald Hof
Print: Books on Demand GmbH, In de Tarpen 42, 22848 Norderstedt

shule

школа

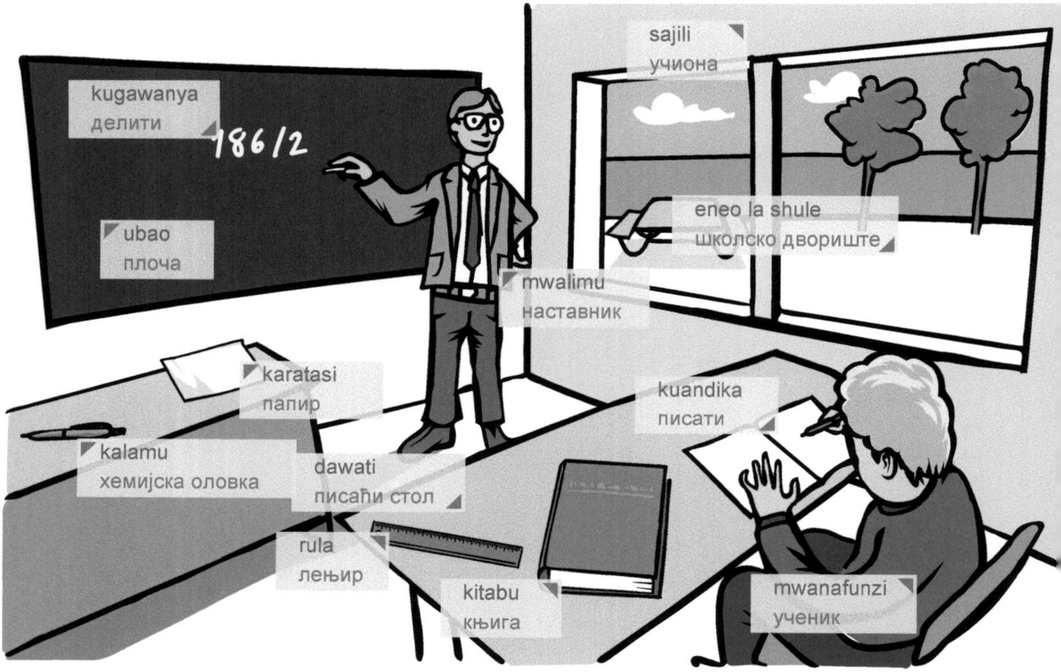

sajili
учиона
kugawanya
делити
186/2
ubao
плоча
eneo la shule
школско двориште
mwalimu
наставник
karatasi
папир
kuandika
писати
kalamu
хемијска оловка
dawati
писаћи сто
rula
лењир
kitabu
књига
mwanafunzi
ученик

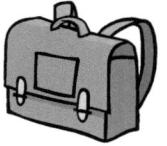

mkoba

торба

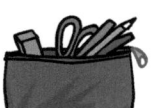

kikasha cha penseli

перница

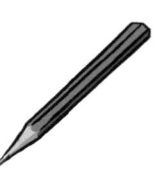

penseli

графитна оловка

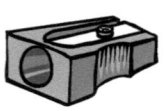

kichonga penseli

шиљило за оловке

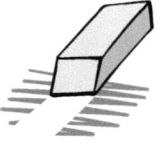

mpira

гумица за брисање

pedi ya kuchora

блок за цртање

uchoraji

цртеж

brashi ya rangi

кист

sanduku la rangi

кутија са бојама

mkasi

маказе

gundi

лепило

daftari

бележница

kazi ya nyumbani

домаћи задатак

nambari

број

jumlisha

сабирати

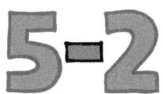

ondoa

одузимати

zidisha

множити

kokotoa

рачунати

barua

слово

alfabeti

абецеда

neno

реч

maandishi

текст

kusoma

читати

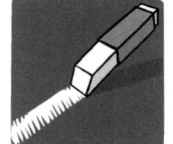

chaki

креда

somo

час

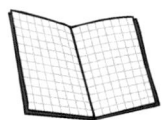

sajili

дневник

uchunguzi

испит

cheti

сведочанство

sare za shule

школска униформа

elimu

образовање

elezo

лексикон

chuo kikuu

универзитет

darubini

микроскоп

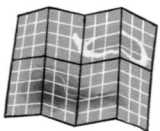

ramani

карта

kikapu cha kuweka karatasi chafu

кошара за папир

usafiri
путовање

hoteli
хотел
Grand
hosteli
преноћиште
ROOMS
EXCHANGE
ofisi ya ubadilishanaji
мењачница
sanduku
кофер
gari
ауто

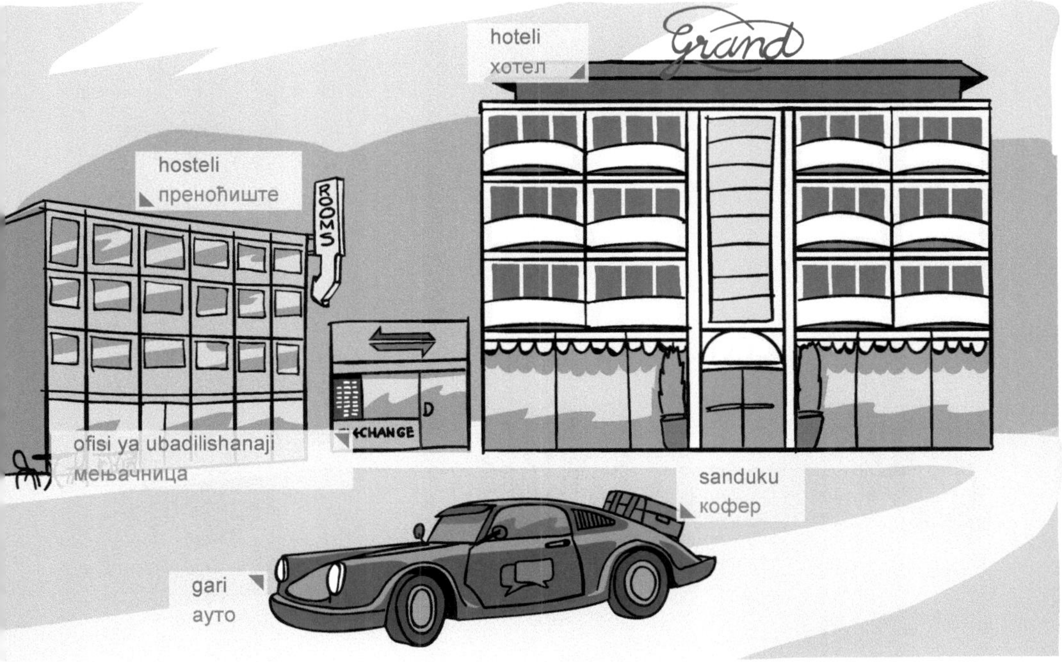

lugha

језик

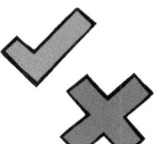

ndiyo / la

да / не

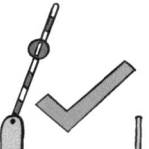

sawa

океј

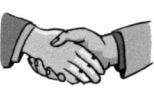

hujambo

здраво

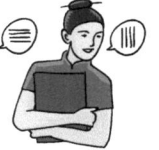

mtafsiri

преводилац

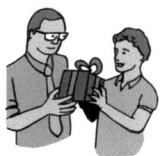

Asante

хвала

kiasi gani ni ...?

Колико кошта...?

Sielewi

не разумем

tatizo

проблем

Jioni njema!

добро вече!

Habari za asubuhi!

Добро јутро!

Usiku mwema!

Лаку ноћ!

kwa heri

довиђења

mwelekeo

смер

mizigo

пртљага

mfuko

торба

shanta

руксак

mgeni

гост

chumba

соба

begi la kulalia

врећа за спавање

hema

шатор

taarifa ya utalii
....
туристичке информације

ufuo
....
плажа

kadi
....
кредитна картица

kifunguakinywa
....
доручак

chakula cha mchana
....
ручак

chakula cha jioni
....
вечера

tiketi
....
карта за вожњу

kuinua
....
лифт

muhuri
....
поштанска маркица

mpaka
....
граница

mila
....
царина

ubalozi
....
амбасада

visa
....
виза

pasipoti
....
пасош

usafiri

транспорт

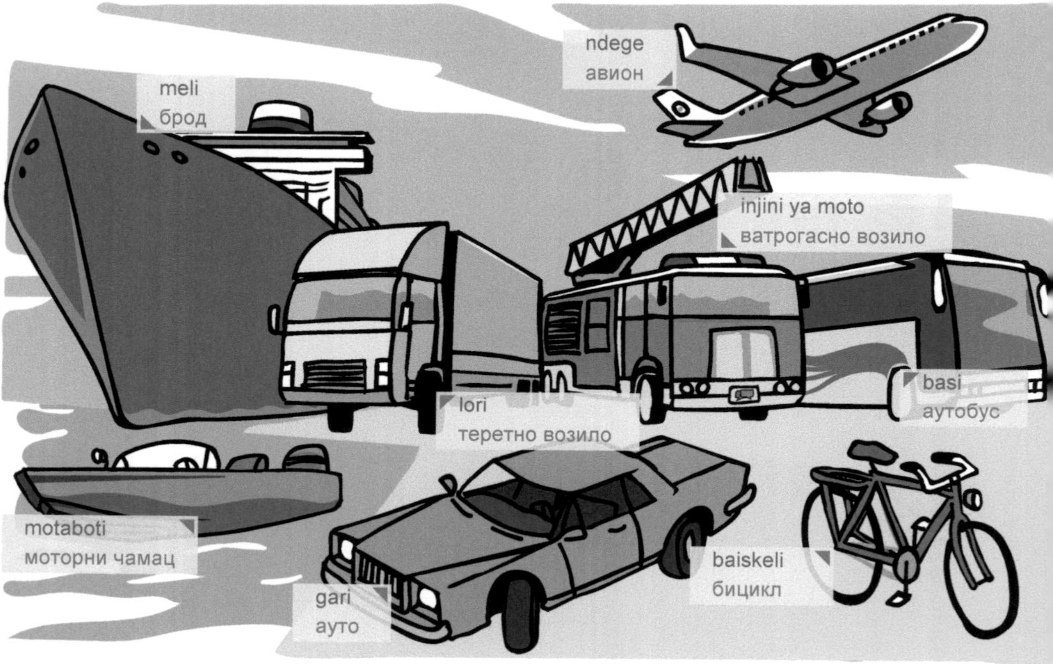

ndege
авион
meli
брод
injini ya moto
ватрогасно возило
basi
аутобус
lori
теретно возило
motaboti
моторни чамац
baiskeli
бицикл
gari
ауто

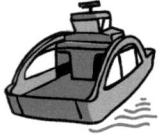

feri

трајект

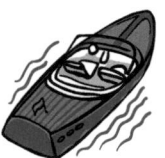

mashua

чамац

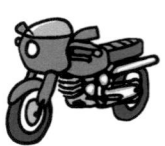

pikipiki

мотоцикл

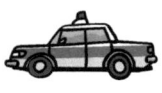

gari la polisi

полицијски ауто

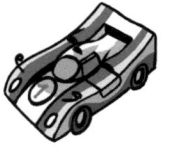

gari la mashindano

тркаћи ауто

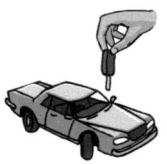

gari la kukodisha

изнајмљено ауто

kushiriki gari

дељење аутомобила

lori la kuvuta

вучно возило

ukusanyaji taka

возило за одвоз смећа

motor

мотор

mafuta

бензин

kituo cha mafuta

бензинска станица

ishara trafiki

саобраћајни знак

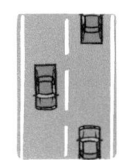

trafiki

саобраћај

msongamano

застој

maegesho

паркиралиште

kituo cha treni

железничка станица

reli

шине

garimoshi

воз

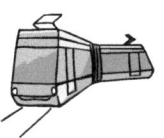

tremu

трамвај

gari la mizigo

вагон

helikopta

хеликоптер

uwanja wa ndege

аеродром

mnara

кула

abiria

путник

chombo

контејнер

katoni

картон

mkokoteni

колица

kikapu

корпа

ondoka

узлетети / слетети

jiji

град

kijiji

село

katikati ya jiji

центар града

nyumba

кућа

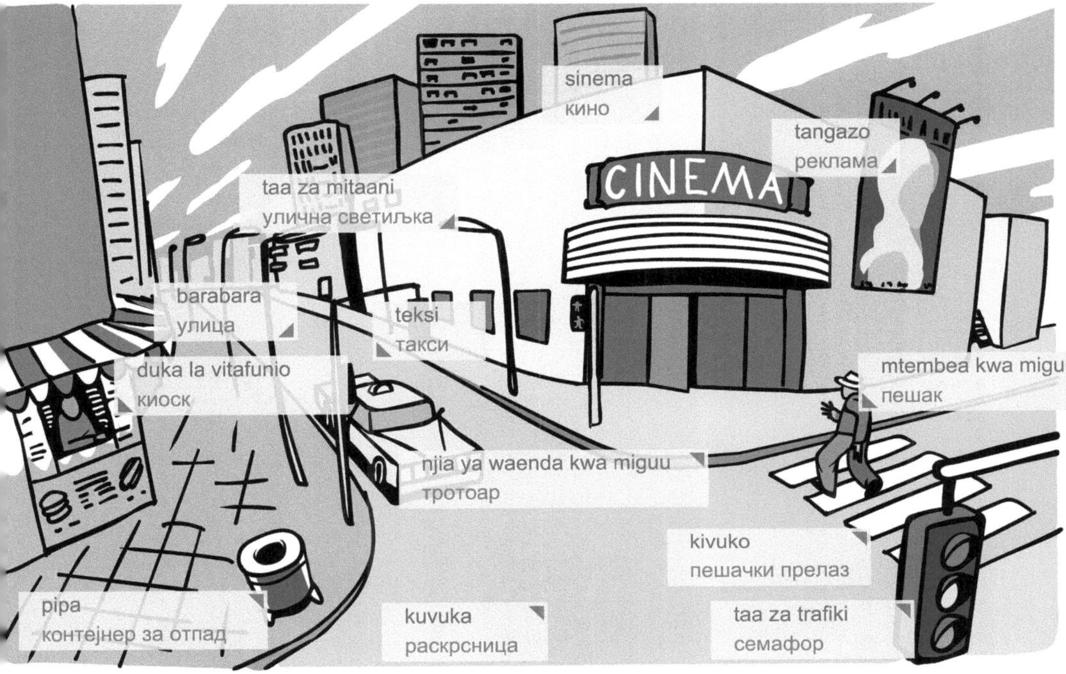

sinema
кино

tangazo
реклама

taa za mitaani
улична светиљка

CINEMA

barabara
улица

teksi
такси

duka la vitafunio
киоск

mtembea kwa miguu
пешак

njia ya waenda kwa miguu
тротоар

kivuko
пешачки прелаз

pipa
контејнер за отпад

kuvuka
раскрсница

taa za trafiki
семафор

kibanda

колиба

gorofa

стан

kituo cha treni

железничка станица

ukumbi wa mji

већница

Makavazi

музеј

shule

школа

chuo kikuu

универзитет

benki

банка

hospitali

болница

hoteli

хотел

duka la dawa

апотека

ofisi

канцеларија

duka la kitabu

књижара

duka

продавница

duka la maua

цвећара

dukakuu

супермаркет

soko

трг

idara ya kuhifadhi

робна кућа

mwuza samaki

рибарница

kituo cha ununuzi

трговачки центар

bandari

лука

Hifadhi

парк

benki

клупа

daraja

мост

vidato

степенице

chini ya ardhi

подземна железница

handaki

тунел

kituo cha mabasi

аутобуска станица

bar

бар

mgahawa

ресторан

sanduku la posta

поштанско сандуче

ishara ya barabara

улични знак

mita ya maegesho

паркирни аутомат

bustani ya wanyama

зоолошки врт

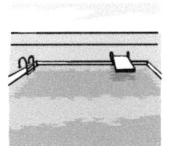

kidimbwi cha kuogelea

базен

msikiti

џамија

jiji - град

shamba

сеоско газдинство

uchafuzi

загађење околине

makaburini

гробље

kanisa

црква

uwanja wa michezo

игралиште

hekalu

храм

mazingira
пејсаж

jani
лист

ishara ya mwelekeo
путоказ

njia
пут

malisho
ливада

jiwe
камен

mti
дрво

mtembeaji wa masafa
шетач

mto
река

nyasi
трава

ua
цвет

bonde

долина

kilima

планина

ziwa

језеро

msitu

шума

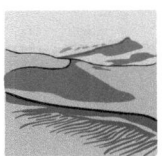

jangwa

пустиња

volkano

вулкан

ngome

дворац

upinde wa mvua

дуга

uyoga

гљива

mtende

палма

mbu

москито

kuruka

мува

chungu

мрав

nyuki

пчела

buibui

паук

mende

буба

chura

жаба

kuchakuro

веверица

nungunungu

јеж

sungura

зец

bundi

сова

ndege

птица

swan

лабуд

nguruwe mwitu

дивља свиња

kulungu

јелен

aina ya kongoni

лос

bwawa

насип

tabo ya upepo

ветрењача

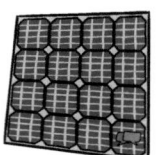

nishaji ya jua

соларна плоча

hali ya hewa

клима

mgahawa

ресторан

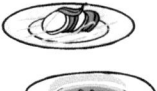

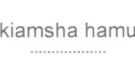

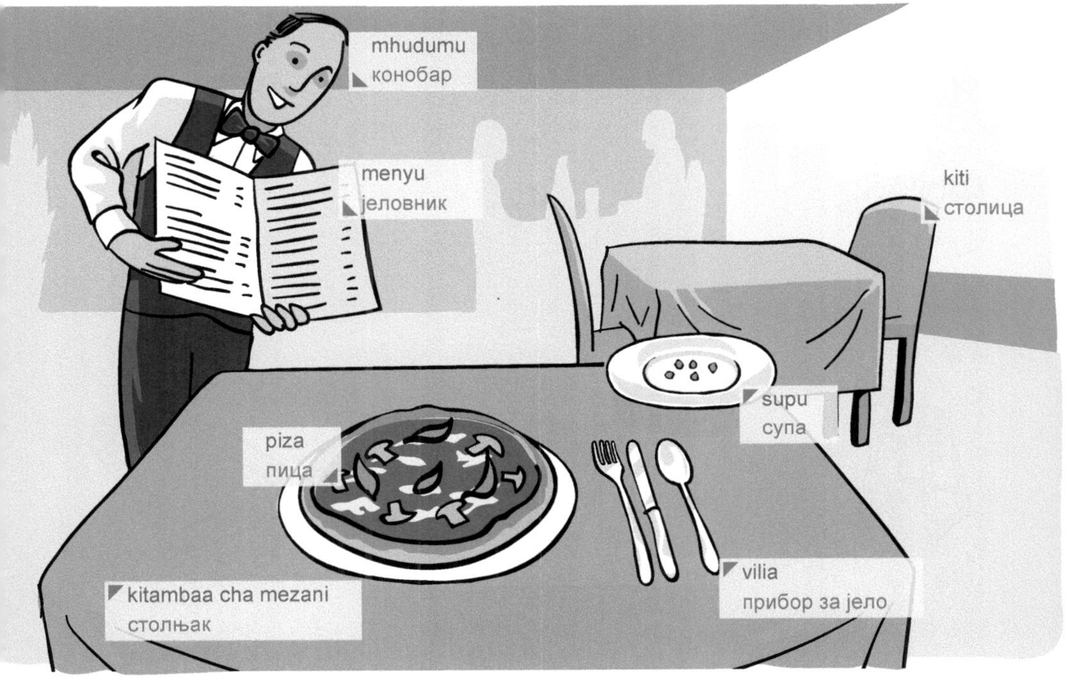

mhudumu
конобар
menyu
јеловник
kiti
столица
supu
супа
piza
пица
vilia
прибор за јело
kitambaa cha mezani
стољњак

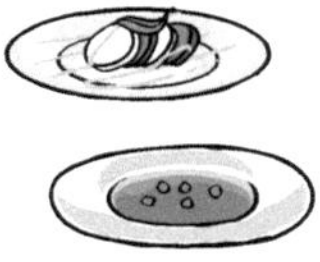

kiamsha hamu
предјело

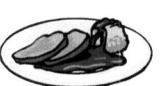

kozi kuu
главно јело

kitindamlo
десерт

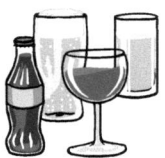

vinywaji
напитци

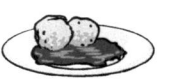

chakula
јело

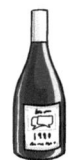

chupa
флаша

chakula cha haraka

брза храна

Streetfood

имбис храна

buli

чајник

kisanduku cha sukari

доза за шећер

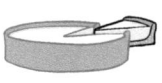

sehemu

порција

mashine ya espresso

апарат за еспресо

kiti kirefu

висока столица

muswada

рачун

trei

послужавник

kisu

нож

uma

виљушка

kijiko

кашика

kijiko cha chai

чајна кашика

nepi

салвета

glasi

чаша

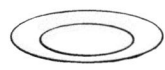

sahani

тањир

sahani ya supu

тањир за супу

sufuria

тањирић

mchuzi

сос

kichanyaji chumvi

сољенка

kinu cha pilipili

млин за бибер

siki

сирће

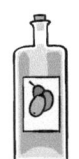

mafuta

уље

viungo

зачини

kechapu

кечап

haradali

сенф

kachumbari nzito

мајонеза

dukakuu

супермаркет

ofa maalum
понуда
FOR
mteja
купац
maziwa
млечни производи
matunda
воће
toroli
колица за куповину

BUTCHERS

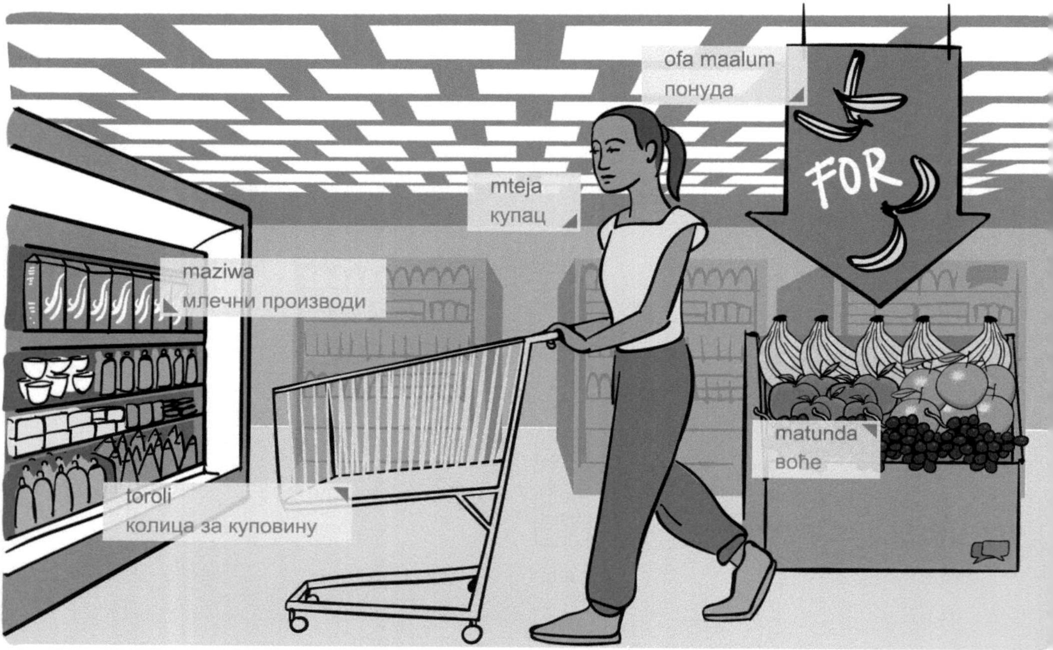

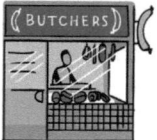

mchinjaji

месница

BAKERY

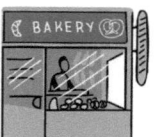

mwokaji

пекара

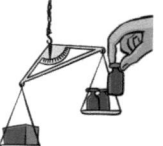

uzito

вагати

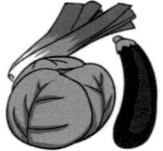

mboga

поврће

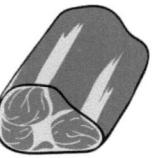

nyama

месо

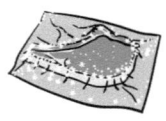

chakula waliohifadhiwa

смрзнута храна

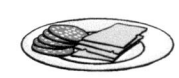

vipande vya nyama baridi
....
нарезак

chakula cha kopo
....
конзерве

sabuni ya unga
....
средство за прање

pipi
....
слаткиши

bidhaa za kaya
....
артикли за домаћинство

bidhaa za kusafisha
....
средства за чишћење

mtu mauzo
....
продавачица

mpaka
....
благајна

keshia
....
благајник

orodha ya manunuzi
....
листа за куповину

masaa ya ufunguzi
....
време рада

mkoba
....
новчаник

kadi
....
кредитна картица

mfuko
....
торба

mfuko wa plastiki
....
пластична кеса

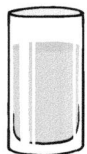

maji

вода

sharubati

сок

maziwa

млеко

coke

кола

mvinyo

вино

bia

пиво

pombe

алкохол

kakao

какао

chai

чај

kahawa

кава

spreso

еспресо

kapuchino

капућино

ndizi

банана

tufaha

јабука

machungwa

наранџа

tikiti

лубеница

lemon

лимун

karoti

шаргарепа

kitunguu saumu

бели лук

mianzi

бамбус

kitunguu

лук

uyoga

гљива

karanga

орашасти плодови

nudo

резанци

spageti

шпагете

mpunga

рижа

saladi

салата

vibanzi

помфрит

viazi vya kukaanga

печени крумпир

piza

пица

hambaga

хамбургер

sandwichi

сендвич

kipande

шницла

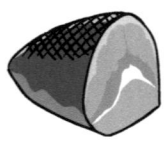

paja la mnyama

шунка

salami

салама

soseji

кобасица

kuku

кокош

choma

печење

samaki

риба

oats ya uji

зобене пахуљице

muesli

мусли

cornflakes

кукурузне пахуљице

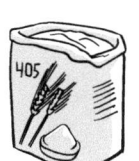

unga

брашно

kroisanti

кроасан

andazi

пециво

mkate

хлеб

mkate wa kubanika

тоаст

biskuti

кекси

siagi

маслац

maziwa mgando

свежи сир

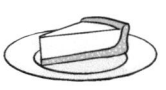

keki

колач

yai

jaje

yai kukaanga

jaje на око

jibini

сир

aiskrimu

сладолед

sukari

шећер

asali

мед

jemu

мармелада

kuenea kwa chokoleti

нугат крема

mchuzi wa viungo

кари

chakula - jело

shamba

сеоско газдинство

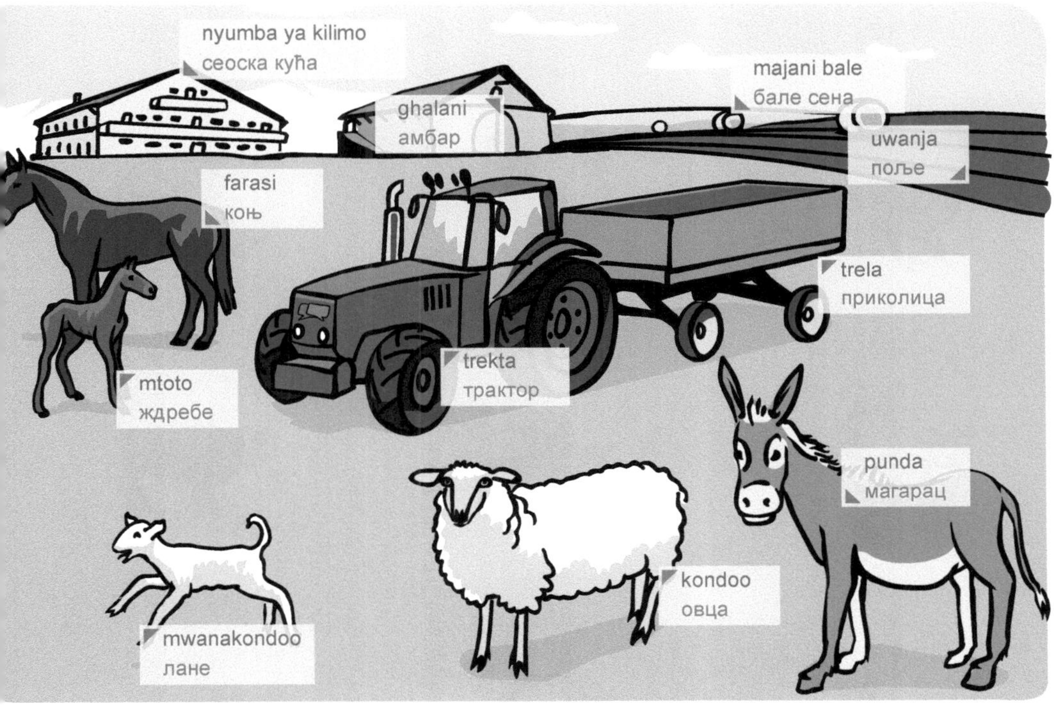
nyumba ya kilimo
сеоска кућа
majani bale
бале сена
ghalani
амбар
uwanja
поље
farasi
коњ
trela
приколица
trekta
трактор
mtoto
ждребе
punda
магарац
kondoo
овца
mwanakondoo
лане

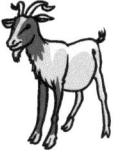

mbuzi

коза

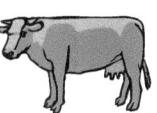

ng'ombe

крава

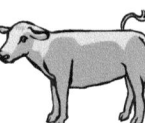

ndama

теле

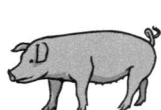

nguruwe

свиња

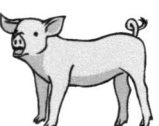

mwananguruwe

прасе

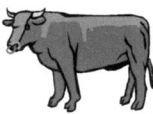

fahali

бик

batabukini

гуска

bata

патка

kifaranga

пилићи

kuku

кокош

jogoo

петао

panya

пацов

paka

мачка

panya

миш

ng'ombe

вол

mbwa

пас

nyumba ya mbwa

кућица за пса

bomba la bustani

вртно црево

debe la kumwagilia maji

канта за поливање

fyekeo

коса

kulima

плуг

shamba - сеоско газдинство

mundu

срп

jembe

мотика

uma wa nyasi

виљушка за ђубриво

shoka

секира

toroli

тачке

kupitia nyimbo

корито

chombo cha maziwa

посуда за млеко

gunia

вређа

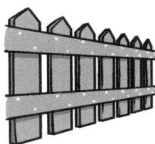

ua

ограда

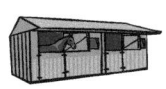

imara

штала

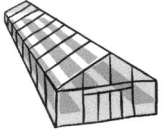

chafu

стакленик

udongo

земља

mbegu

семе

mbolea

ђубриво

kivunaji

комбајн

mavuno

жети

mavuno

жетва

viazi vikuu

јамс зачин

ngano

пшеница

soya

coja

viazi

крумпир

mahindi

кукуруз

rapa

уљана репица

mti wa matunda

воћка

muhogo

гомољ манионе

nafaka

житарице

shamba - сеоско газдинство

nyumba
кућа

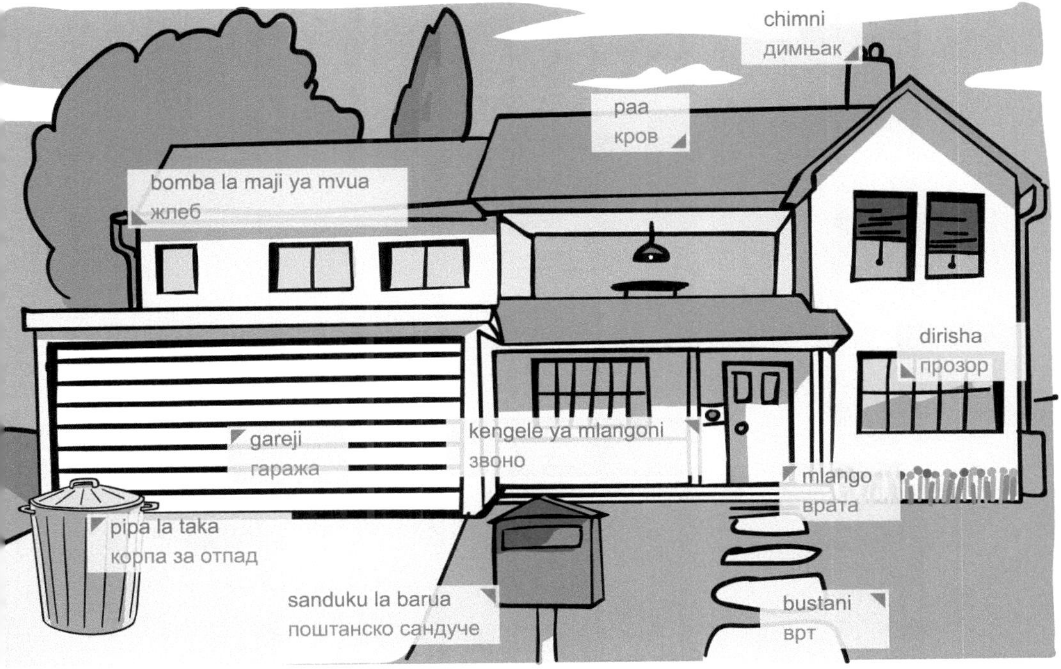
chimni
димњак
paa
кров
bomba la maji ya mvua
жлеб
dirisha
прозор
gareji
гаража
kengele ya mlangoni
звоно
mlango
врата
pipa la taka
корпа за отпад
sanduku la barua
поштанско сандуче
bustani
врт

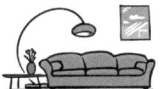

sebuleni

дневна соба

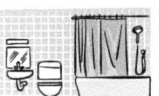

bafu

купаоница

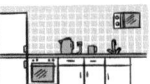

jikoni

кухиња

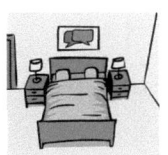

chumba cha kulala

спаваћа соба

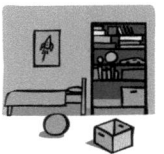

chumba ya mtoto

дечија соба

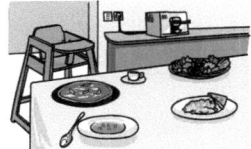

chumba cha kulia

трпезарија

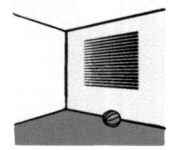

sakafu

под

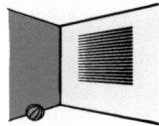

ukuta

зид

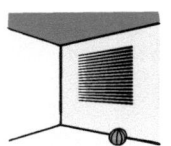

dari

строп

pishi

подрум

sauna

сауна

roshani

балкон

mtaro

тераса

kidimbwi

базен

mashine ya kukata nyasi

косилица за траву

karatasi

постељина за кревет

kitambaa cha kupamba
kitanda

дека за кревет

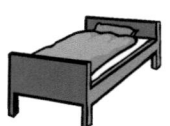

kitanda

кревет

ufagio

метла

ndoo

канта

kubadili

прекидач

sebuleni
дневна соба

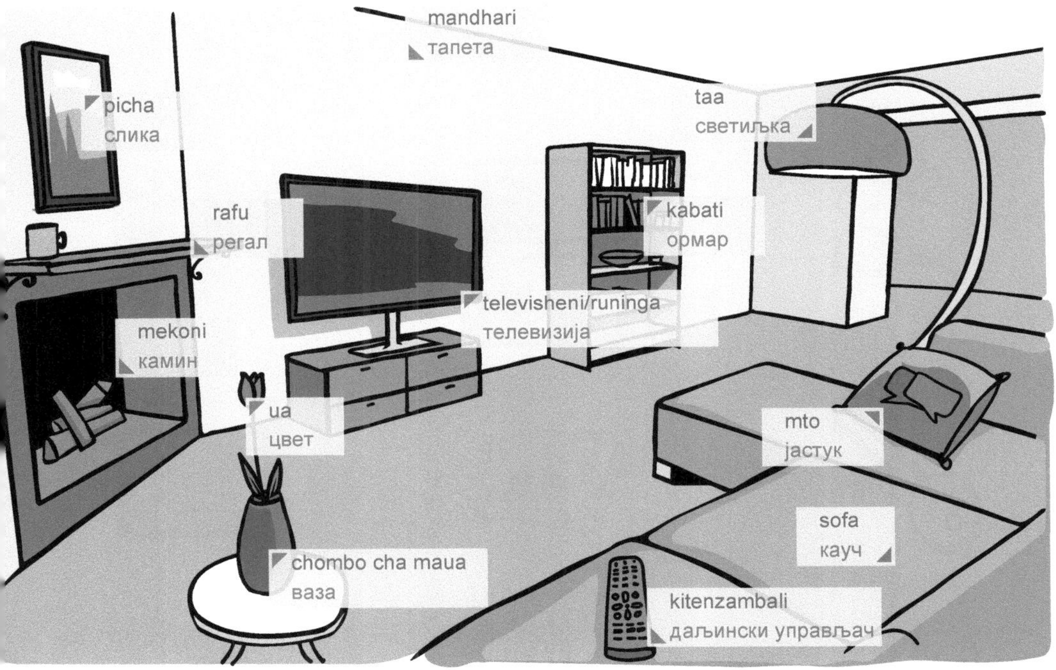

mandhari
тапета
picha
слика
taa
светиљка
rafu
регал
kabati
ормар
televisheni/runinga
телевизија
mekoni
камин
ua
цвет
mto
јастук
sofa
кауч
chombo cha maua
ваза
kitenzambali
даљински управљач

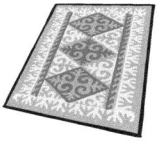

zulia

тепих

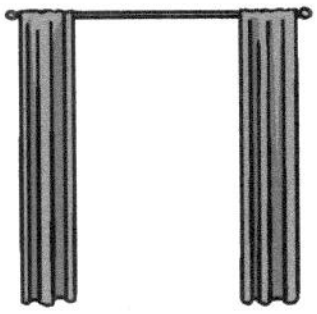

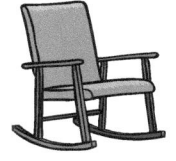

pazia

завеса

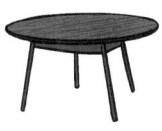

meza

сто

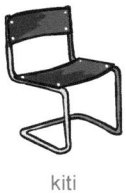

kiti

столица

kiti cha bembea

столица за њихање

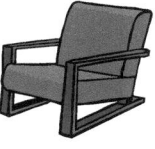

armchair

фотеља

kitabu

књига

blanketi

дека

mapambo

декорација

kuni

дрво за огрев

filamu

филм

kifaa cha hi-fi

хи-фи уређај

ufunguo

кључ

gazeti

новине

uchoraji

слика на платну

bango

постер

redio

радио

daftari

блок за писање

kifyonza

усисивач

dungusi kakati

кактус

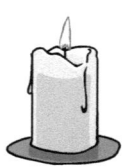

mshumaa

свећа

jikoni
кухиња

jokofu
фрижидер
kikanza
микроталасна рерна
wadogo jikoni
кухињска вага
kibaniko
тоастер
sabuni
средство за чишћење
stovu
рерна
friza
претинац за замрзавање
pipa la taka
корпа за отпад
mashine ya kuoshea vyombo
машина за прање суђа

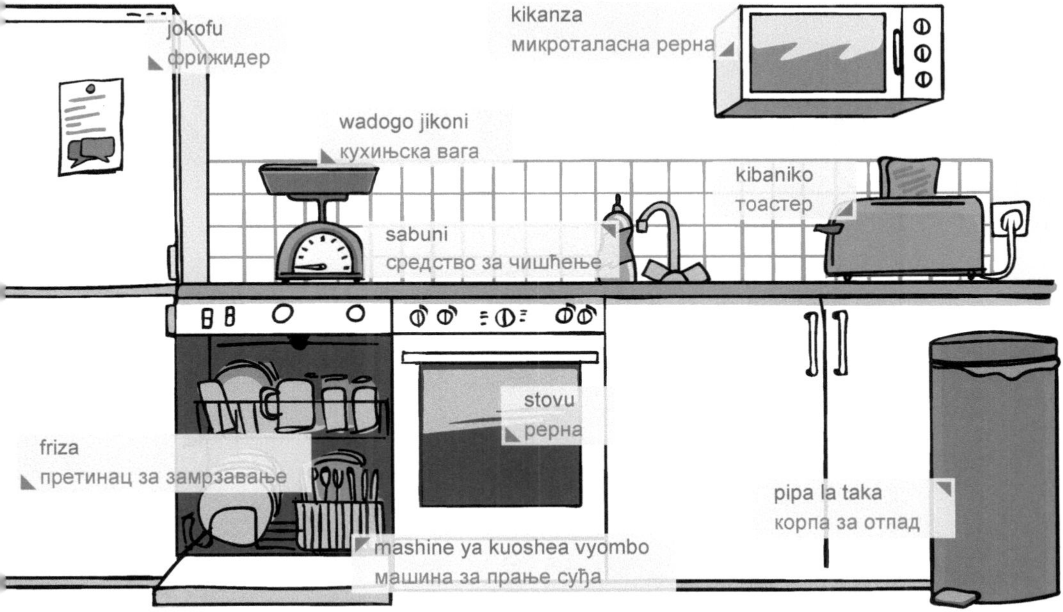

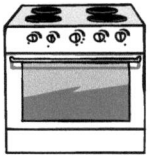

jiko la kupika

шпорет

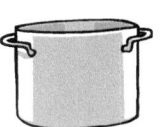

chungu

лонац

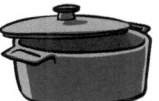

sufuria ya chuma

гвоздени лонац

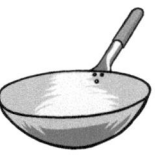

wok / kadai

вок / кадаи

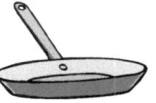

kaango

тава

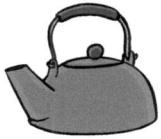

birika

кувало за воду

stima

кувало на пару

sinia ya kuoka

лим за печење

vyombo vya udongo

посуђе

kombe

чаша

bakuli

посуда

vijiti vya kulia

штапићи за јело

ukawa

кутлача

mwiko mpana

лопатица

burashi

пењача

kichujio

сито за кување

chujio

сито

mbuzi

рибеж

chokaa

мужар

barbeque

роштиљ

moto wazi

огњиште

ubao wa majaribio

даска

kijiti cha kusukuma unga

оклагија

kizibuo

вадичеп

kopo

конзерва

inaweza kopo

отварач конзерви

kishikio cha chungu

крпа за лонац

karo

судопер

brashi

четка

sifongo

сунђер

kisagaji matunda

миксер

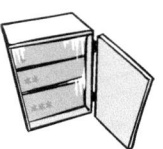

friji ya kina

замрзивач

chupa ya mtoto

флашица за бебе

bomba

славина за воду

bafu
купаоница

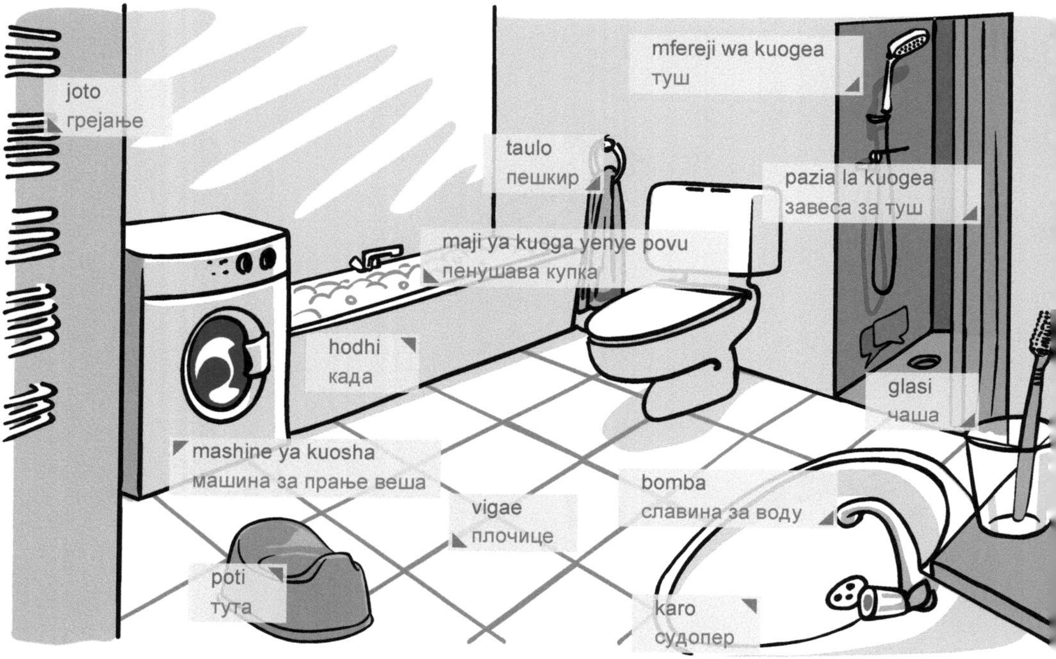
joto
грејање
mfereji wa kuogea
туш
taulo
пешкир
pazia la kuogea
завеса за туш
maji ya kuoga yenye povu
пенушава купка
hodhi
када
glasi
чаша
mashine ya kuosha
машина за прање веша
bomba
славина за воду
vigae
плочице
poti
тута
karo
судопер

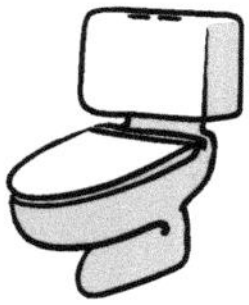

choo

тоалет

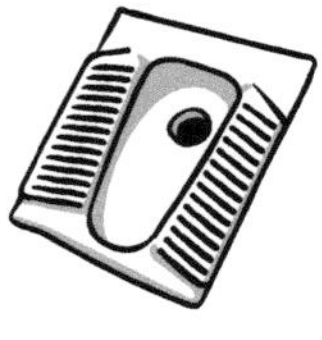

choo cha squat

чучавац

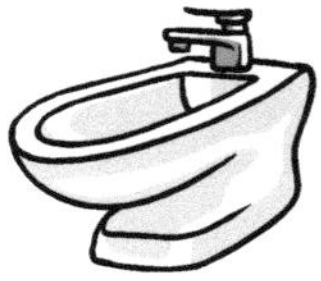

beseni la mviringo

бидет

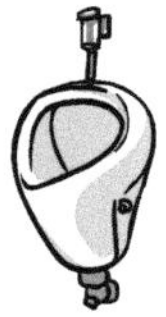

choo cha umma

писоар

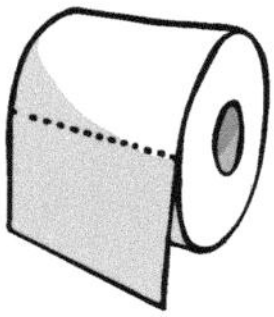

shashi

тоалетни папир

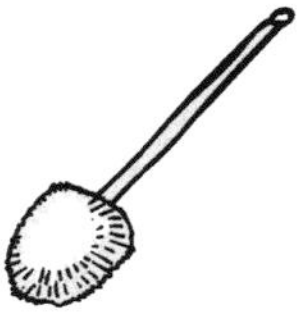

brashi ya choo

четка за тоалет

mswaki

четкица за зубе

dawa ya meno

паста за зубе

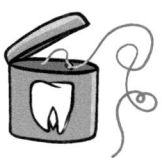

dawa ya meno

конац за зубе

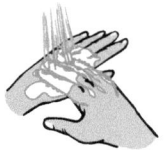

safisha

прати

kuoga mkono

туш ручица

msukumo wa maji

туш за прање интимних делова

bonde

лавор

mpako wa pili

четка за прање леђа

sabuni

сапун

jeli ya kuogea

гел за туширање

shampuu

шампон

flana

крпа за прање

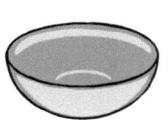

toa maji

одвод

krimu

крема

kiondoa harufu

дезодоранс

kioo

огледало

kioo mkono

козметичко огледало

kinyozi

бријач

povu la kunyoa

пена за бријање

baada ya kunyoa

лосион за после бријања

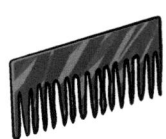

kichana

чешаљ

brashi

четка

kikausha nywele

фен за косу

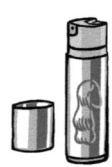

marashi ya nyewele

спреј за косу

vipodozi

шминка

kidomwa

руж за усне

varnish ya msumari

лак за нокте

pamba

вата

mkasi wa kucha

маказе за нокте

manukato

парфем

mkoba wa kuosha

козметичка торбица

kinyesi

столица

mizani

вага

nguo ya kuoga

огртач

glavu za mpira

рукавице за чишћење

kisodo

тампон

sodo

уложак

kemikali choo

хемијски тоалет

chumba ya mtoto
дечија соба

saa ya kengele
будилник
kidoli cha kupakata
плишана играчка
gari bandia
ауто играчка
kelele
звечка
chumba cha midoli
кућица за лутке
sasa
поклон

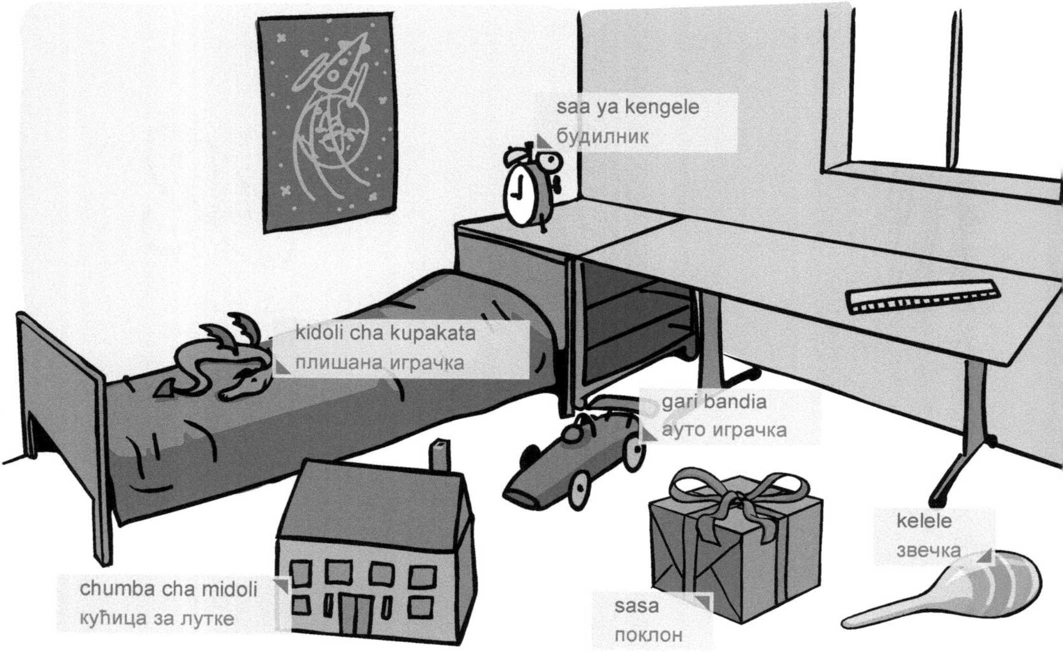

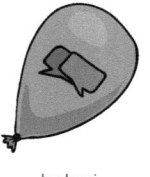

baluni

балон

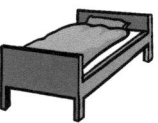

kitanda

кревет

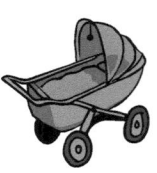

mashua

дјечија колица

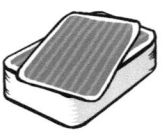

staha ya kadi

игра са картама

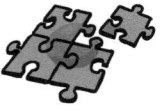

mchezo-fumb

слагалица

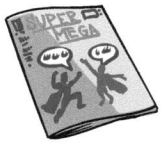

vichekesho

стрип

matofali lego

лего коцкице

vitalu mwigo

коцкице за слагање

hatua takwimu

акциони јунак

suti ya kulalia

бенкица за бебе

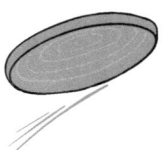

kisahani

фризби

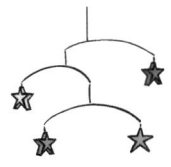

simu

висеће играчке

ubao wa michezo

друштвене игре

kete

коцка

garimoshi mwigo

минијатурна жељезница

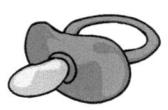

dummy

дуда

chama

забава

picha kitabu

сликовница

mpira

лопта

kikaragosi

лутка

kucheza

играти

shimo la mchanga

пешчаник

bembea

љуљачка

vitu bandia

играчка

kiweko cha video ya mchezo

конзола за игре

baiskeli ya magurudumu

трицикл

matatu

mwanasesere

теди

kabati

ормар

nguo

одећа

soksi

кратке чарапе

stokingi

чарапе

kibano

хулахопке

skafu
шал

mwavuli
кишобран

ukanda
каиш

fulana
мајица

viatu
чизме

ndara
папуче

wakufunzi
патике

malapa

сандале

viatu

ципеле

mabuti ya mpira

гумене чизме

suruali ya ndani

гаћице

sidiria

грудњак

fulana

поткошуља

mwili

боди

suruali

панталоне

dangirizi

фармерке

sketi

сукња

blauzi

блуза

shati

кошуља

vuta

џемпер

sweta

џемпер с капуљачом

bleza

сако

jaketi

јакна

koti

мантил

koti la mvua

кабаница

maleba

костим

gauni

хаљина

mavazi ya harusi

венчаница

suti

одело

vazi la usiku

спаваћица

pajama

пиџама

sari

сари

skafu

марама за главу

kilemba

турбан

burka

бурка

kaftan

кафтан

abaya

абаја

vazi la kuogelea

купаћи костим

vazi la kiume la kuogelea

купаће гаћице

kaptura

кратке панталоне

teitei

одећа за тренинг

aproni

кецеља

glavu

рукавице

kifungo

дугме

glasi

наочаре

bangili

наруквица

mkufu

огрлица

pete

прстен

herini

наушница

kofia

капа

kiango cha koti

вешалица

kofia

шешир

tai

кравата

zipu

патент затварач

kofia

кацига

kanda za suruali

нараменице

sare za shule

школска униформа

sare

униформа

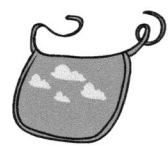

bibu

подбрадак

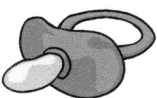

dummy

дуда

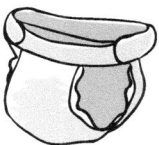

nepi

пелена

ofisi

канцеларија

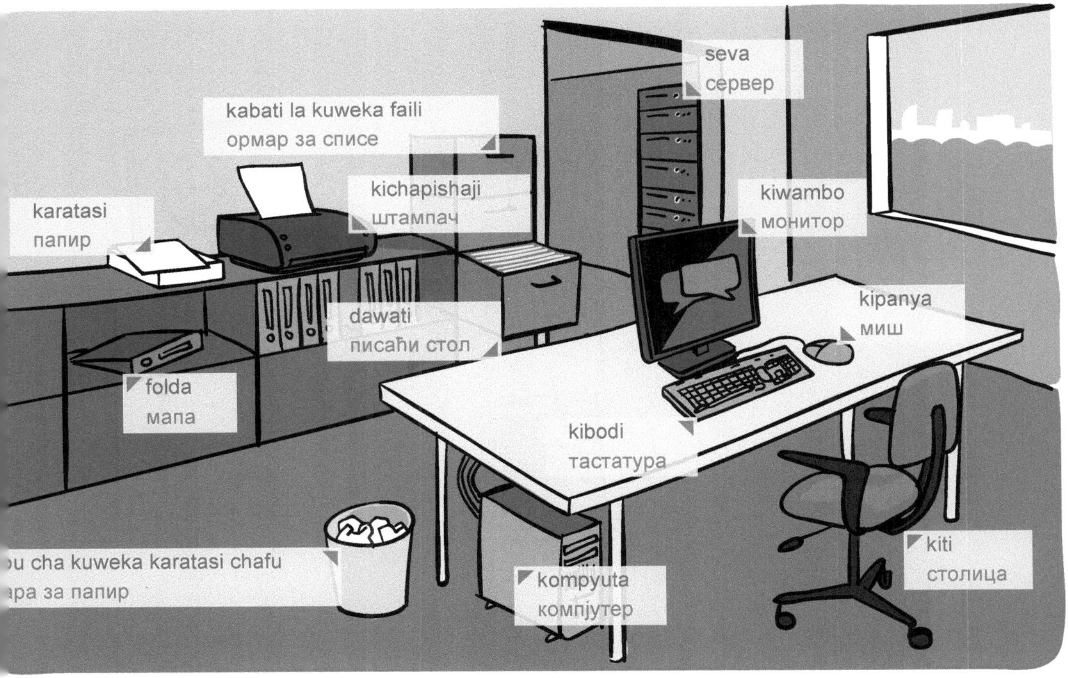
seva
сервер
kabati la kuweka faili
ормар за списе
kichapishaji
штампач
karatasi
папир
kiwambo
монитор
kipanya
миш
dawati
писаћи стол
folda
мапа
kibodi
тастатура
u cha kuweka karatasi chafu
ара за папир
kiti
столица
kompyuta
компјутер

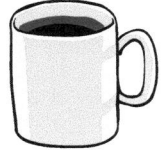

kmobe la kahawa

шалица за каву

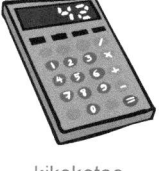

kikokotoo

калкулатор

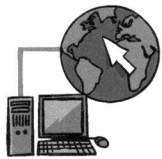

biashara

интернет

mbali

лаптоп

barua

писмо

ujumbe

порука

rununu

мобилни телефон

intaneti

мрежа

fotokopia

уређај за копирање

programu

софтвер

simu

телефон

soketi

утичница

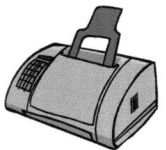

kipepesi

факс

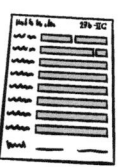

fomu

формулар

hati

документ

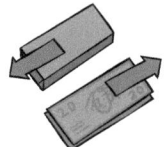

kununua

куповати

kulipa

платити

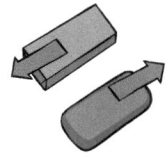

biashara

трговати

fedha

новац

dola

долар

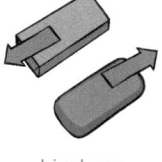

yuro

евро

yeni

јен

rouble

рубља

faranga ya Uswisi

швајцарски франак

renminbi yuan

ренминдби јуан

rupia

рупија

eneo la kulipia

аутомат за новац

ofisi ya ubadilishanaji

мењачница

dhahabu

злато

fedha

сребро

mafuta

нафта

nishati

енергија

bei

цена

mkataba

уговор

kodi

порез

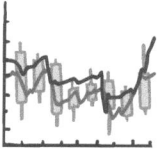

bidhaa

деонице

kazi

радити

mfanyakazi

службеник

mwajiri

послодавац

kiwanda

фабрика

duka

продавница

kazi
занимања

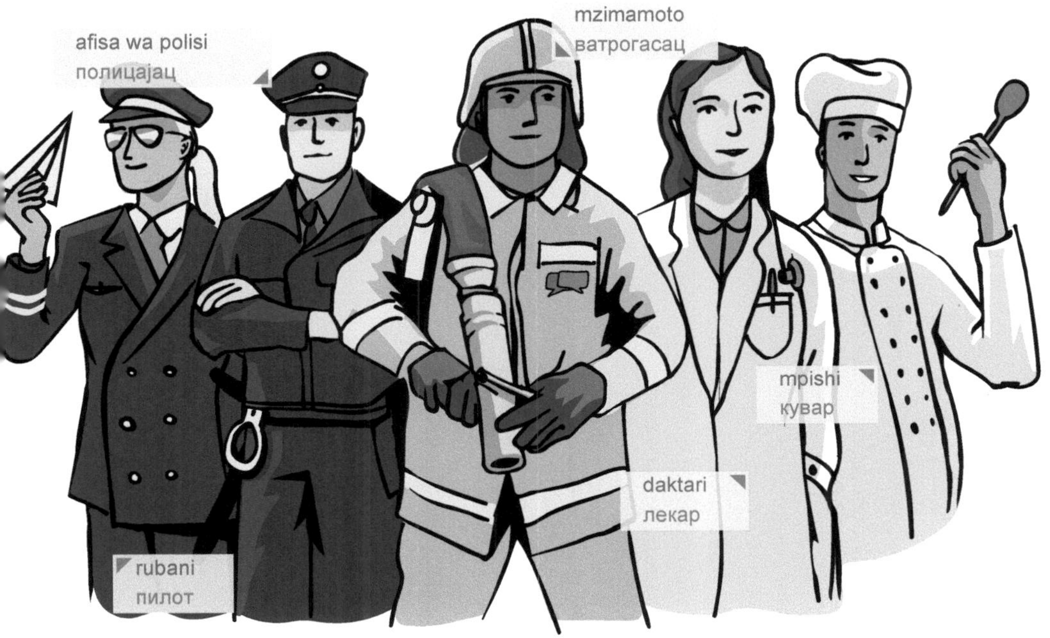

afisa wa polisi
полицајац
mzimamoto
ватрогасац
mpishi
кувар
daktari
лекар
rubani
пилот

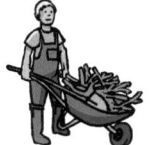

mtunza bustani

вртлар

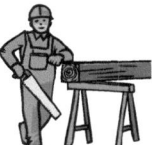

seremala

столар

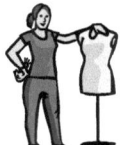

mshonaji

кројачица

hakimu

судија

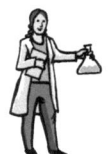

mwanakemia

хемичар

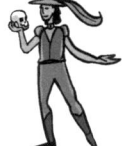

muigizaji

глумац

dereva wa basi

возач аутобуса

dereva wa teksi

возач таксија

mvuvi

рибар

mwanamke wa kusafisha

чистачица

mwezekaji

кровопокривач

mhudumu

конобар

mwindaji

ловац

mchoraji

сликар

mwokaji

пекар

umeme

електричар

mjenzi

грађевински радник

mhandisi

инжењер

mchinjaji

месар

fundi bomba

лимар

mwanaposta

поштар

mwanajeshi

војник

msanifu majengo

архитекта

keshia

благајник

muuza maua

цвећар

msusi

фризер

kondakta

кондуктер

mekanika

механичар

nahodha

капетан

daktari wa meno

зубар

mwanasayansi

научник

rabbi

раби

imamu

имам

mtawa

монах

kasisi

свећеник

zana

алати

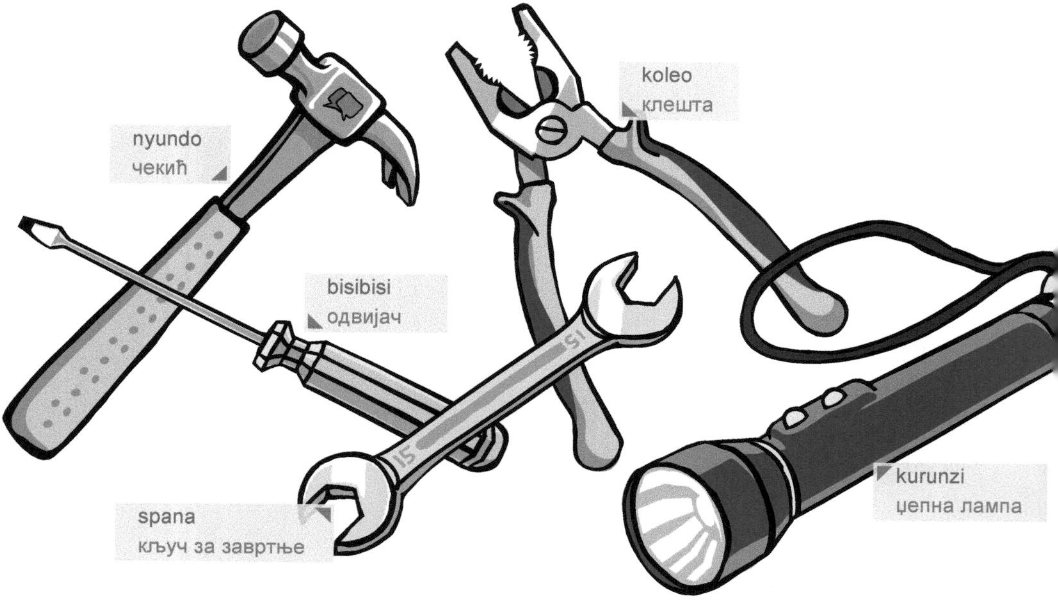
nyundo
чекић
koleo
клешта
bisibisi
одвијач
spana
кључ за завртње
kurunzi
џепна лампа

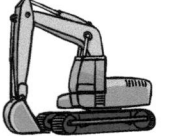

mchimbaji

багер

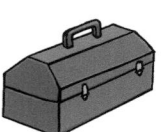

sanduku la vifaa

кутија за алат

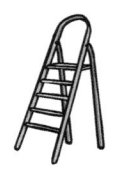

ngazi

мердевине

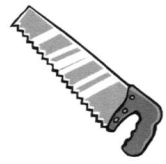

msumeno

пила

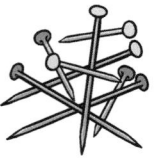

misumari

ексер

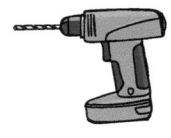

kuchimba visima

бушилица

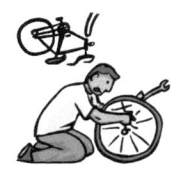

kukarabati

поправити

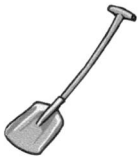

sepetu

лопата

Lo!

до ђавола!

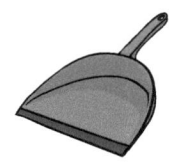

kishikio cha uchafu

лопатица

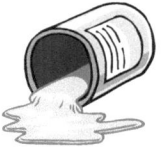

chungu cha rangi

лонац за боју

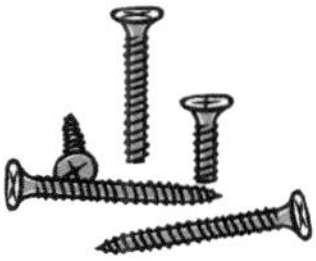

skurubu

завртањи

ala za muziki
музички инструмент

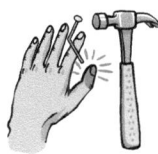

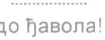

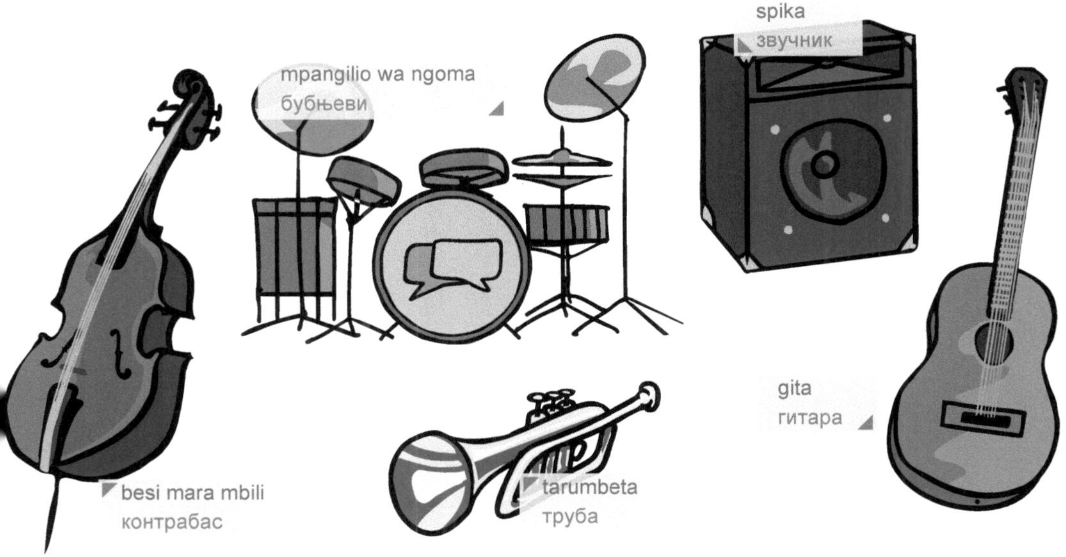

spika
звучник
mpangilio wa ngoma
бубњеви
gita
гитара
besi mara mbili
контрабас
tarumbeta
труба

piano

клавир

fidla

виолина

ubeji

бас

timpani

тимпани

ngoma

ударањке за бубњеве

kibodi

типке клавира

saksafoni

саксофон

filimbi

флаута

maikrofoni

микрофон

bustani ya wanyama

зоолошки врт

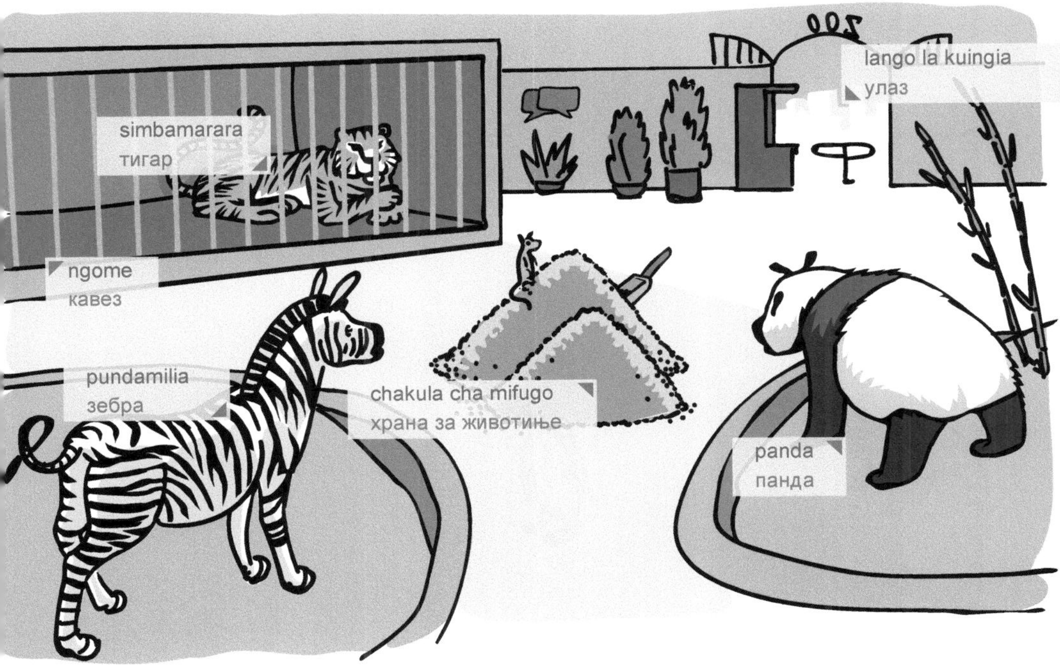

lango la kuingia
улаз
simbamarara
тигар
ngome
кавез
pundamilia
зебра
chakula cha mifugo
храна за животиње
panda
панда

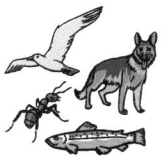

wanyama

животиње

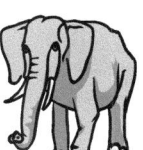

tembo

слон

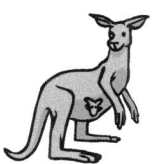

kangaruu

кенгур

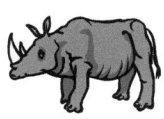

kifaru

носорог

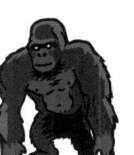

sokwe

горила

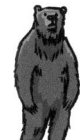

dubu

медвед

ngamia

камила

mbuni

ној

simba

лав

tumbili

мајмун

heroe

фламинго

kasuku

папагај

dubu

поларни медвед

penguini

пингвин

papa

ајкула

tausi

паун

nyoka

змија

mamba

крокодил

mtunza wanyama

чувар у зоолошком врту

muhuri

туљан

jaguar

јагуар

mwanafarasi

пони

chui

леопард

kiboko

нилски коњ

twiga

жирафа

tai

орао

nguruwe mwitu

дивља свиња

samaki

риба

kobe

корњача

sili

морж

mbweha

лисица

paa

газела

soka ya marekani
амерички ногомет

uendeshaji baiskeli
бициклизам

tenisi
тенис

mpira wa kikapu
кошарка

kuogelea
пливање

ndondi
бокс

magongo ya barafuni
хокеј на леду

soka
....
фудбал

vinyoya
....
бадминтон

riadha
....
атлетика

mpira wa mikono
....
ракомет

skii
....
скијање

polo
....
поло

shughuli

активности

cheka
смејати се
kuruka
скочити
kumbatia
загрлити
kutembea
ићи
kuimba
певати
ota ndoto
сањати
kuomba
молити се
busu
пољубити

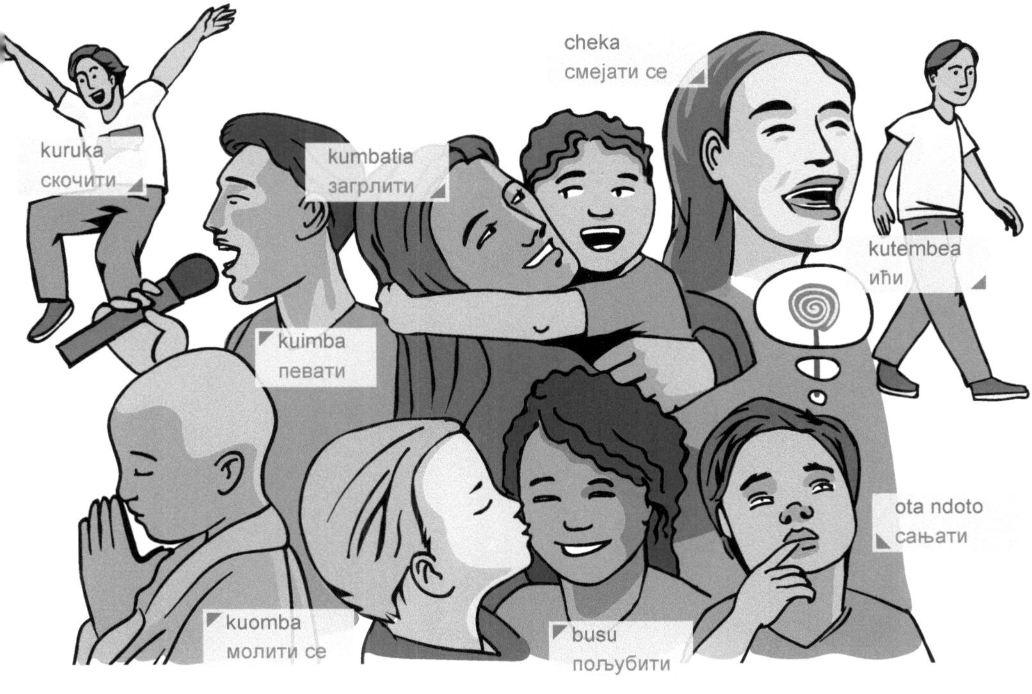

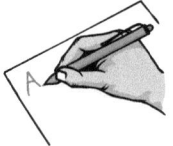

kuandika

писати

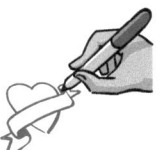

kuteka

цртати

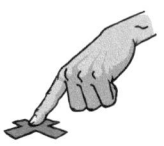

angalia

показати

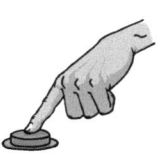

sukuma

гурати

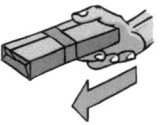

kutoa

дати

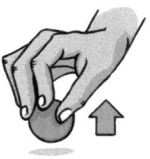

kuchukua

узети

kuwa

имати

fanya

чинити

kuwa

бити

kusimama

стојати

kukimbia

трчати

vuta

повлачити

kutupa

бацити

kuanguka

падати

hadaa

лежати

kusubiri

чекати

kubeba

носити

kukaa

седити

vaa nguo

облачити

usingizi

спавати

kuamka

пробудити се

kuangalia

гледати

lia

плакати

kiharusi

миловати

chana nywele

чешљати

ongea

говорити

kuelewa

разумети

kuuliza

питати

kusikiliza

слушати

kunywa

пити

kula

јести

nadhifisha

поспремити

upendo

волети

mpishi

кухати

gari

возити

kuruka

летети

meli

пловити

kokotoa

рачунати

kusoma

читати

kujifunza

учити

kazi

радити

kuoa

венчати се

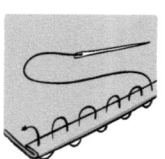

kushona

шити

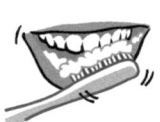

piga mswaki

прати зубе

kuua

убити

moshi

пушити

kutuma

послати

familia
породица

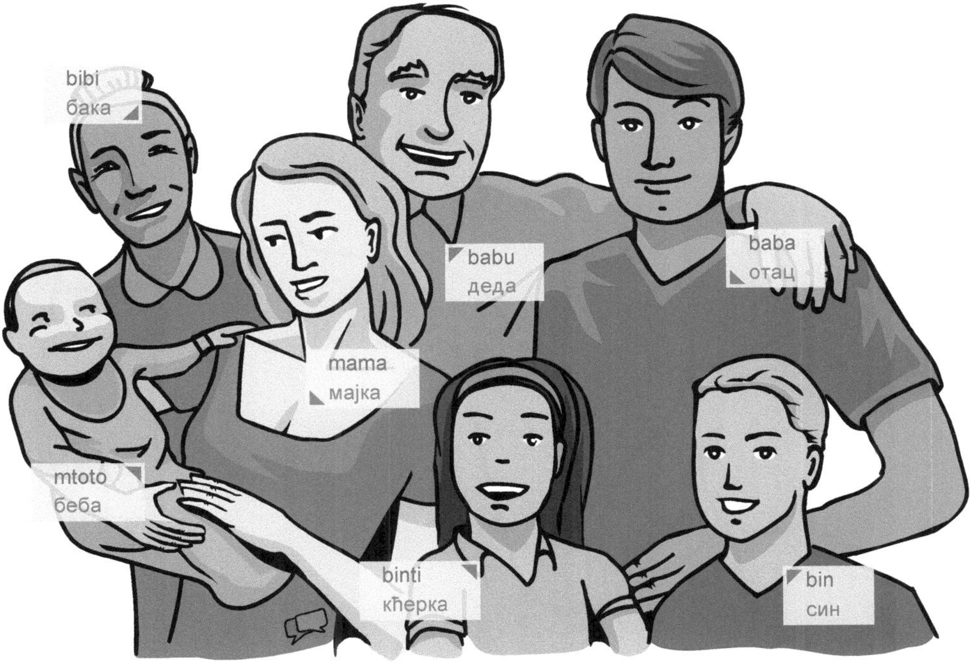

bibi
бака
babu
деда
baba
отац
mama
мајка
mtoto
беба
binti
кћерка
bin
син

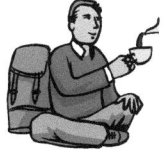

mgeni
гост

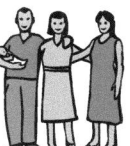

shangazi
тетка

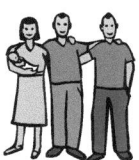

mjomba
ујак, стриц

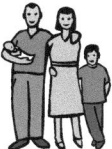

kaka
брат

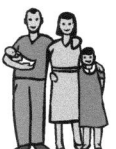

dada
сестра

mwili

тело

paji la uso
чело
jicho
око
bega
раме
kidole
прст
uso
лице
kidevu
брада
mkono
рука
matiti
груди
mguu
нога
mkono
рука

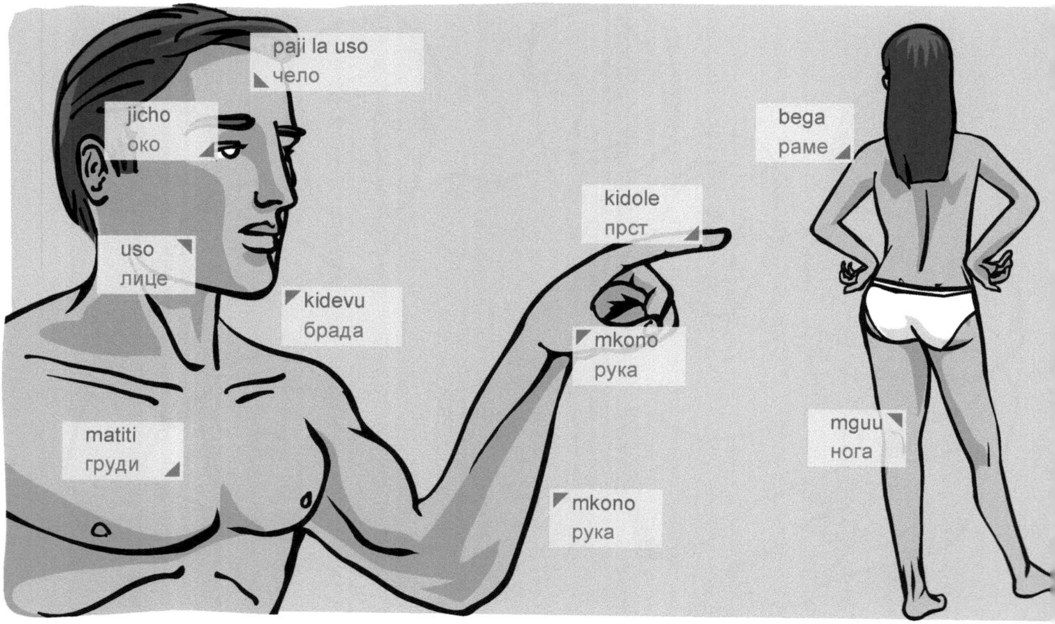

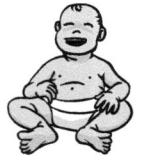

mtoto

беба

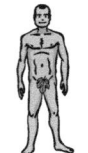

mwanamume

мушкарац

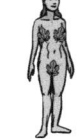

mwanamke

жена

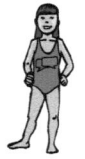

msichana

девојчица

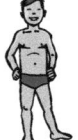

mvulana

дечак

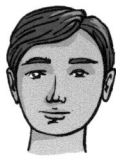

kichwa

глава

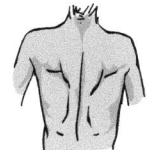

nyuma
леђа

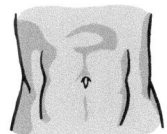

tumbo
стомак

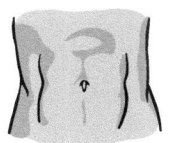

kitovu
пупак

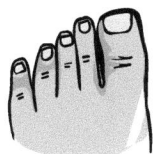

chano
ножни прст

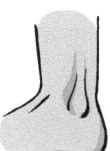

kisigino
пета

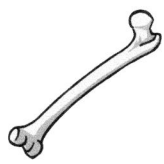

mfupa
кост

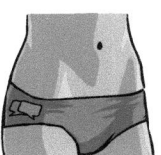

nyonga
кукови

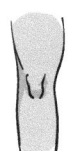

goti
колено

kiwiko
лакат

pua
нос

chini
задњица

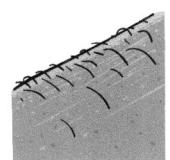

ngozi
кожа

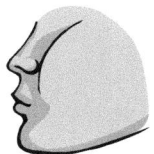

shavu
образ

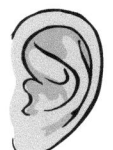

sikio
уво

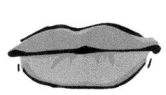

mdomo
усна

mwili - тело

kinywa

уста

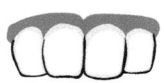

jino

зуб

ulimi

језик

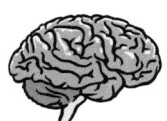

ubongo

мозак

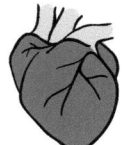

moyo

срце

misuli

мишић

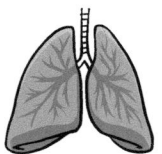

pafu

плућа

ini

јетра

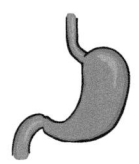

tumbo

желудац

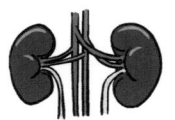

figo

бубрези

jinsia

полни однос

kondomu

кондом

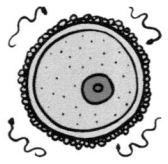

ovari

јајна ћелија

shahawa

сперма

mimba

трудноћа

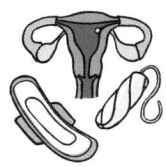

hedhi

менструација

uke

вагина

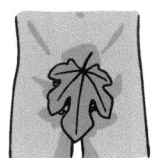

uume

пенис

unyusi

обрва

nywele

коса

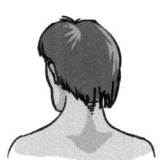

shingo

врат

hospitali

болница

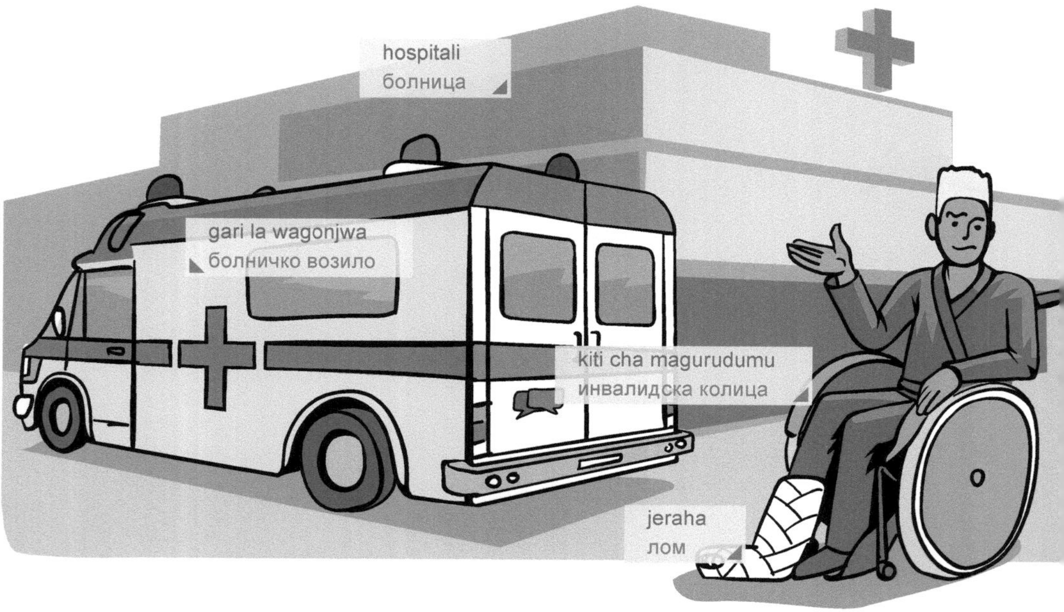

hospitali
болница
gari la wagonjwa
болничко возило
kiti cha magurudumu
инвалидска колица
jeraha
лом

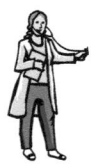

daktari

лекар

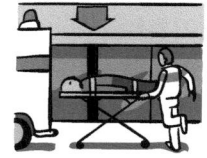

chumba cha dharura

хитна медицинска служба

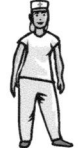

muuguzi

медицинска сестра

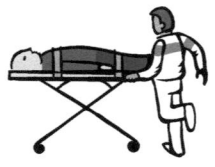

dharura

хитни случај

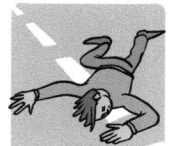

kupoteza fahamu

несвест

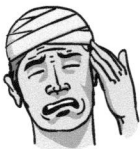

maumivu

бол

kuumia

повреда

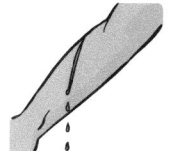

kutokwa na damu

крварење

mshtuko wa moyo

срчани удар

kiharusi

удар

mzio

алергија

kikohozi

кашаљ

homa

грозница

mafua

грипа

kuharisha

пролив

maumivu ya kichwa

главобоља

kansa

рак

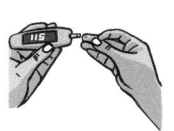

ugonjwa wa kisukari

дијабетес

daktari mpasuaji

хирург

kisu kidogo cha kupasulia

скалпел

operesheni

операција

hospitali - болница

picha changanufu ya mwili

цт

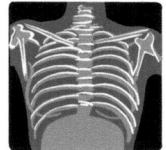

Eksrei

рентген

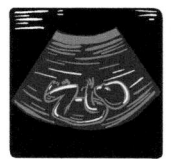

mawimbi sauti

ултразвук

barakoa ya uso

маска

ugonjwa

болест

chumba cha kusubiri

чекаона

mkongojo

штака

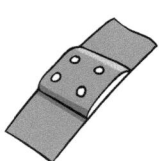

plasta

фластер

bendeji

завој

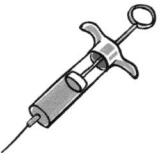

sindano

ињекција

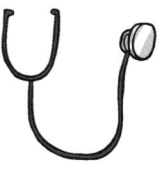

stetoskopu

стетоскоп

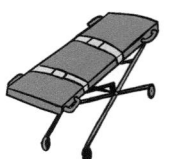

machela

носила

kipimajoto cha kliniki

термометар

kuzaliwa

рођење

unene kupita kiasi

прекомерна тежина

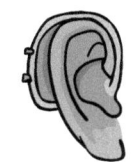

kusikia misaada

слушни апарат

kipukusi

средство за дезинфекцију

maambukizi

инфекција

virusi

вирус

VVU / UKIMWI

хив / аидс

dawa

медицина

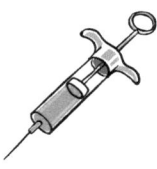

chanjo

вакцинација

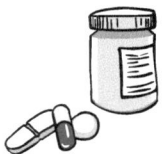

vidonge

таблете

kidonge

пилула

simu ya dharura

хитни позив

haemodainamometa

уређај за мерење
притиска

mgonjwa / mwenye afya

болесно / здраво

Msaada!

помоћ!

pigo

насртај

shambulizi

напад

hatari

опасност

lango la dharura

излаз у случају нужде

Moto!

пожар!

kizima moto

противпожарни апарат

ajali

незгоца

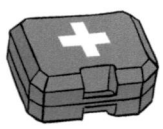

vifaa vya huduma ya kwanza

кутија прве помоћи

wito wa msaada

сос

polisi

полиција

Ulaya

Европа

Amerika ya Kaskazini

Северна Америка

Amerika ya Kusini

Јужна Америка

Afrika

Африка

Asia

Азија

Australia

Аустралија

Atlantiki

Атлантик

Pasifiki

Пацифик

Bahari ya Hindi

Индијски океан

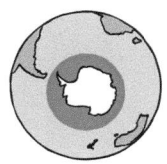

Bahari ya Antaktiki

Антарктички океан

Bahari ya Aktiki

Арктички океан

Ncha ya Kaskazini

Северни рол

Ncha ya Kusini
....
Јужни рол

Antaktika
....
Антарктик

dunia
....
земља

nchi
....
земља

bahari
....
море

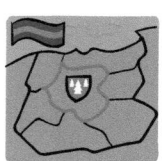

kisiwa
....
оток

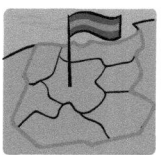

taifa
....
нација

jimbo
....
држава

uso wa saa

бројчаник сата

akrabu ya saa

сатна казаљка

akrabu ya dakika

минутна казаљка

akrabu ya sekunde

секундна казаљка

Ni saa ngapi?

Колико је сати?

siku

дан

wakati

време

sasa

сада

saa ya dijitali

дигитални сат

dakika

минута

saa

час

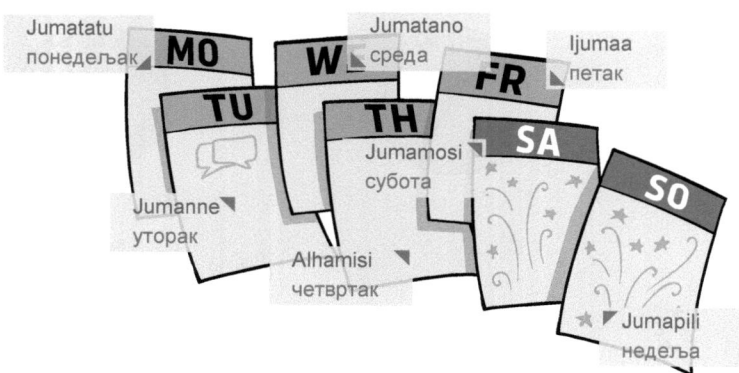

Jumatatu понедељак
Jumatano среда
Ijumaa петак
Jumanne уторак
Jumamosi субота
Alhamisi четвртак
Jumapili недеља

jana

јуче

leo

данас

kesho

сутра

asubuhi

јутро

saa sita mchana

подне

jioni

вече

siku za biashara

радни дани

mwishoni mwa wiki

викенд

mwaka

година

mvua
киша
upinde wa mvua
дуга
ирепо
ветар
theluji
снег
majira ya machipuko
пролеће
vuli
јесен
kiangazi
лето
majira ya baridi
зима

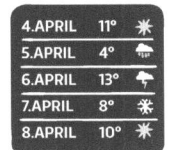

4.APRIL 11°
5.APRIL 4°
6.APRIL 13°
7.APRIL 8°
8.APRIL 10°

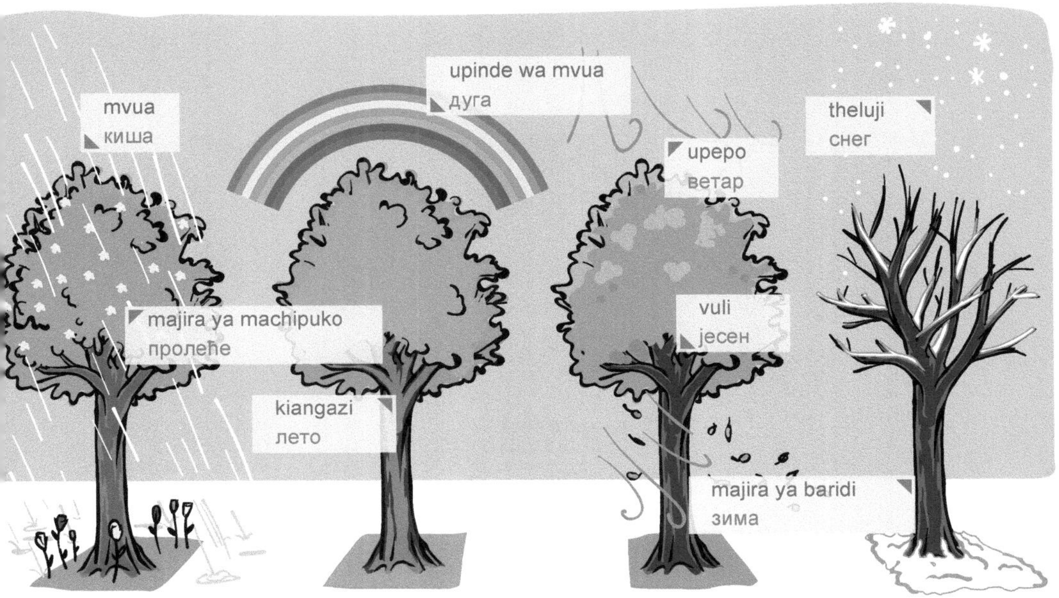

utabiri wa hali ya hewa

метеоролошка прогноза

F C
120 90 60 30 0 -30
40 30 20 10 0 -10 -20

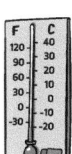

kipimajoto

термометар

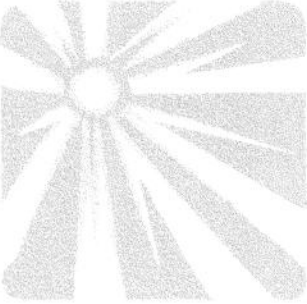

mwanga wa jua

сунчана светлост

wingu

облак

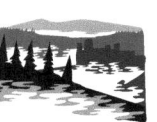

ukungu

магла

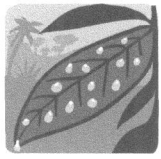

unyevu

влажност ваздуха

umeme

муња

radi

грмљавина

dhoruba

олуја

mvua ya mawe

туча

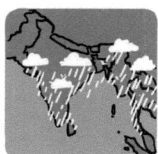

monsuni

монсун

mafuriko

поплава

barafu

лед

Januari

јануар

Februari

фебруар

Machi

март

Aprili

април

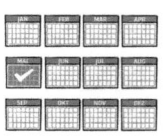

Mei

мај

Juni

јуни

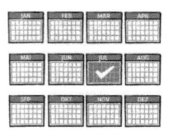

Julai

јули

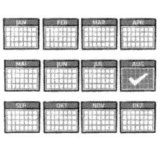

Agosti

август

Septemba
....
септембар

Oktoba
....
октобар

Novemba
....
новембар

Desemba
....
децембар

mduara
....
круг

mraba
....
квадрат

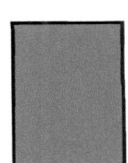

mstatili
....
правоугао

pembetatu
....
троугао

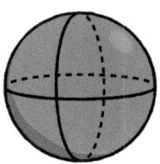

nyanja
....
кугла

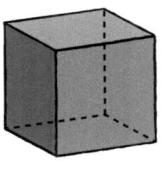

mchemraba
....
коцка

nyeupe

бела

manjano

жута

chungwa

наранџаста

rangi ya waridi

ружичаста

nyekundu

црвена

hudhurungi

љубичаста

bluu

плава

kijani

зелена

hanja

смеђа

jivujivu

сива

nyeusi

црна

mengi / kidogo

много / мало

hasira / pole

љутито / мирно

nzuri / mbaya

лепо / ружно

mwanzo / mwisho

почетак / крај

kubwa / ndogo

велико / малено

angavu / giza

светло / тамно

kaka / dada

брат / сестра

safi / chafu

чисто / прљаво

kamilika / tokamilika

потпуно / непотпуно

siku / usiku

дан / ноћ

wafu / hai

мртво / живо

pana / nyembamba

широко / уско

kulika / kutolika

јестиво / нејестиво

ovu / ema

зло / добро

sisimkwa / udhika

узбуђено / досадно

nene / nyembamba

дебело / мршаво

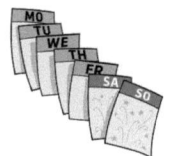

kwanza / mwisho

на почетку / на крају

rafiki / adui

пријатељ / непријатељ

jaa / tupu

пуно / празно

ngumu / laini

тврдо / мекано

nzito / nyepesi

тешко / лагано

njaa / kiu

глад / жеђ

mgonjwa / mwenye afya

болесно / здраво

haramu / kisheria

илегално / легално

akili / kijinga

паметно / глупо

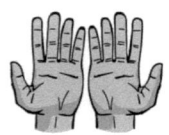

kushoto / kulia

лево / десно

karibu / mbali

близу / далеко

mpya / kutumika

ново / половно

kitu / jambo

ништа / нешто

zee / changa

старо / младо

waka / zima

укључено / искључено

wazi / fungwa

отворено / затворено

utulivu / kelele

тихо / гласно

tajiri / masikini

богато / сиромашно

sahihi / kosa

тачно / погрешно

mbaya / laini

храпаво / глатко

huzunika / furahia

тужно / сретно

fupi /ndefu

кратко / дуго

polepole / haraka

полако / брзо

nyevu / kavu

мокро / сухо

joto / baridi

топло / хладно

vita / amani

рат / мир

0

sufuri

нула

1

moja

један

2

mbili

два

3

tatu

три

4

nne

четири

5

tano

пет

6

sita

шест

7

saba

седам

8

nane

осам

9

tisa

девет

10

kumi

десет

11

kumi na moja

једанаест

12

kumi na mbili

дванаест

13

kumi na tatu

тринаест

14

kumi na nne

четрнаест

15

kumi na tano

петнаест

16

kumi na sita

шестнаест

17

kumi na saba

седамнаест

18

kumi na nane

осамнаест

19

kumi na tisa

деветнаест

20

ishirini

двадесет

100

mia

стотину

1.000

elfu

хиљаду

1.000.000

milioni

милион

Kiingereza

енглески

Kiingereza cha Marekani

амерички енглески

Kimandarini cha Uchina

мандарински кинески

Kihindi

хиндски

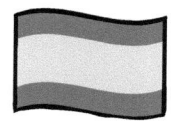

Kihispania

шпански

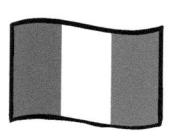

Kifaransa

француски

Kiarabu

арапски

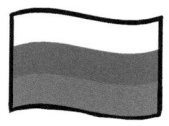

Kirusi

руски

Kireno

португалски

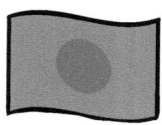

Kibengali

бенгалски

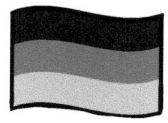

Kijerumani

немачки

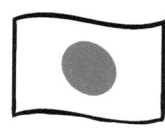

Kijapani

јапански

mimi
....
ja

wewe
....
ти

yeye / yeye / ni
....
он / она / оно

sisi
....
ми

wewe
....
ви

wao
....
они

nani?
....
Ко?

nini?
....
Шта?

jinsi gani?
....
Како?

wapi?
....
Где?

lini?
....
Када?

jina
....
име

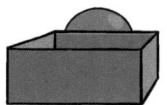

nyuma

иза

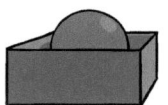

katika

у

mbele ya

испред

juu ya

преко

kwenye

на

chini ya

испод

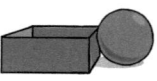

kando

поред

kati

између

mahali

место